AF356822

Albert MIRABAUD & Eugène d'ARBOIS

JE MARIE MA FILLE !

Vaudeville en un Acte

Représenté pour la première fois à Paris, à Fantasio

(Mise en scène de **M. Montjoy**)

Personnages : 4 Hommes, 3 Femmes

(Société dramatique)

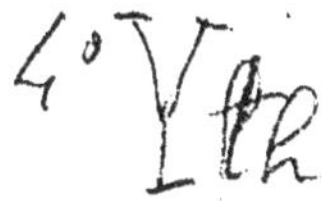

LIBRAIRIE THÉATRALE GEORGES ONDET

83, Faubourg Saint-Denis, 83

PARIS

(Répertoire de la Société des Auteurs et Compositeurs dramatiques, 12, rue Henner, Paris.)

Albert Mirabaud & Eugène d'Arbois

JE MARIE MA FILLE !

Vaudeville en un Acte

DISTRIBUTION

CANARD, domestique . . . . MM. FITOUZI
DURASOIR, commandant en retraite, oncle de Chapouillot. . . . . MAX-HILAIRE
CHAPOUILLOT, rentier . . . . MONTJOY
PRALINOT, employé de banque . . . . SIGNARD

Mᵐᵉ CHAPOUILLOT, femme de Chapouillot. . . . . Mᵐᵉˢ ELLEN WILLA
PAULETTE CHAPOUILLOT, fille des Chapouillot. . . . . MAUD CIAME
MÉLANIE, bonne des Chapouillot. . . . . YETTE BLANC

L'action se passe à Paris, de nos jours, chez les Chapouillot.

La scène représente une salle à manger.

Au fond : à gauche, cheminée; au milieu, porte d'entrée; à droite, un buffet.

A gauche : premier plan, fenêtre; deuxième plan, porte du salon.

A droite : deuxième plan, porte de la cuisine.

En scène : à gauche, premier plan, devant la fenêtre, une chaise; au milieu, table garnie de trois couverts; autour de la table, trois chaises; à droite, premier plan, contre le mur, deux autres chaises.

SCÈNE PREMIÈRE

MÉLANIE, *puis* CHAPOUILLOT

(Au lever du rideau, Mélanie, à droite de la table, est occupée à mettre le couvert).

MÉLANIE

Voyons, où c'est-y que ça se met, ce truc-là? Comment qu'elle a dit, la patronne?... La cuiller, à droite... la fourchette?... Ah! ça doit aller avec... mais le couteau?... Bah! je vas l' mettre au milieu; tant pis si c'est pas ça.

(1) CHAPOUILLOT, *entrant de gauche*

Eh bien, ça avance, ce couvert?

(2) MÉLANIE

Je crois que oui.

CHAPOUILLOT

Vous n'en êtes pas bien sûre. Voyons... (*Il jette un coup d'œil sur la table*). Mais ce n'est pas ça du tout! Vous ne saurez donc jamais dresser un couvert? La fourchette à gauche et la cuiller à droite. Eh bien, et le couteau... où l'avez-vous mis?

MÉLANIE

Je l'ai mis dans le milieu.

Georges ONDET, éditeur, 83, faubourg Saint-Denis, Paris

CHAPOUILLOT

Dans le milieu... quelle gourde!

MÉLANIE

C'est généralement là que ça se met.

CHAPOUILLOT

Chez vous, peut-être, mais pas ici. Heureusement que vous n'allez pas moisir longtemps chez nous! Au fait, le nouveau domestique, envoyé par le bureau de placement, ne s'est pas encore présenté?

MÉLANIE

Non, monsieur, je n'ai vu personne.

CHAPOUILLOT

Le couteau à droite, avec la cuiller, je vous ai déjà dit.

MÉLANIE

C'est pour couper la soupe? (*Elle descend devant la table, à droite*).

(1) CHAPOUILLOT, *s'avisant soudain*

Ah! quelle horreur!

(2) MÉLANIE

De quoi donc qu'y a?

CHAPOUILLOT

Ce qu'il y a?... vos mains, qui sont sales et dégoûtantes! Vous n'êtes pas honteuse de dresser un couvert avec des mains aussi noires?

MÉLANIE

Je vas vous dire, notre maître : c'est à cause que j'ai pris le charbon avec mes doigts.

CHAPOUILLOT

Et la pelle, qu'en faites-vous donc?

MÉLANIE

La pelle, comme elle était toute neuve, j'ai eu peur de la salir.

CHAPOUILLOT

Quelle cruche! Retournez à votre cuisine et ne reparaissez plus devant moi dans cette tenue débraillée et avec des mains de charbonnière.

MÉLANIE

Bien, monsieur, je m'en vas. (*Fausse sortie*). J'avais bien quelque chose à donner à monsieur, mais je reviendrai quand j'aurai les mains propres. (*Fausse sortie*).

CHAPOUILLOT

Qu'est-ce que vous dites?

MÉLANIE, *sur le seuil de la porte de droite*

J' dis que j'ai sur moi une lettre qu'on vient d'apporter pour monsieur.

CHAPOUILLOT

Eh bien, donnez-la.

MÉLANIE

J' peux pas, monsieur, j'ai les mains sales.

CHAPOUILLOT

Approchez ici. (*Mélanie s'avance*). Où est-elle, cette lettre?

MÉLANIE, *désignant la poche de son tablier*

Là, monsieur. Si monsieur veut la prendre.

CHAPOUILLOT

C'est bien ce que je vais faire. (*Il met sa main dans la poche du tablier de Mélanie*).

MÉLANIE, *sursautant*

Ah!...

CHAPOUILLOT

Quoi?

MÉLANIE, *riant bêtement*

Monsieur me fait la chatouille.

CHAPOUILLOT

Vous êtes folle. (*Il tire la lettre de la poche*).

MÉLANIE

Je sais ben, monsieur l'a fait sans intention; mais je suis si sensible, surtout de ce côté-là.

CHAPOUILLOT, *qui a pris la lettre*

Voulez-vous bien me fiche le camp d'ici, petite dévergondée.

MÉLANIE

Je m'évapore, notre maître. (*Elle sort à droite*).

SCÈNE II

CHAPOUILLOT, *seul*

CHAPOUILLOT, *regardant la lettre*

Qui peut bien m'écrire? Cette écriture ne m'est pas inconnue. (*Il ouvre la lettre*). Frétillard! C'est de Frétillard, mon ami d'enfance. Que me veut-il? (*Lisant*). « Mézy-le-Mouillé, 22 avril. — Cher ami. Me rappelant les termes de notre dernière entrevue, et croyant servir tes projets d'avenir pour ta fille, je me permets de t'adresser ce jour mon neveu Pralinot qui, je me plais à l'espérer, serait un excellent parti pour Mlle Paulette. Il a reçu une bonne éducation, et je crois que tu sauras vite apprécier ses brillantes qualités. A te lire bientôt. Mes amitiés, ainsi qu'à madame. — Frétillard.» (*Parlé*). Ce cher Frétillard! C'est gentil à lui d'avoir pensé à moi; quand je dis à moi, je devrais dire à ma fille, car c'est de Paulette qu'il s'agit. La chère enfant va être bien contente. Dame, elle est en âge de se marier... vingt ans dans deux mois! (*Tout en parlant, il s'est dirigé vers la droite, où il finit sa réplique*).

SCÈNE III

CHAPOUILLOT, PAULETTE, Mme CHAPOUILLOT

PAULETTE, *entrant, suivie de sa mère*

Bonjour, père. (*Elle lui saute au cou*).

(3) CHAPOUILLOT

Bonjour, fifille. Tu arrives à propos, j'ai une bonne nouvelle à t'annoncer.

(2) PAULETTE, *très gaie*

Vrai! quoi donc?

CHAPOUILLOT, *avec embarras*

Eh bien, voilà : je... tu connais Frétillard, mon vieil ami Frétillard?

PAULETTE

Oui. Eh bien?

CHAPOUILLOT

Eh bien, il a un neveu.

PAULETTE

Ah!

CHAPOUILLOT

Oui. (*Un temps*). Alors...

Mme CHAPOUILLOT, *s'énervant, passe 2*

Alors... Alors quoi? explique-toi!

CHAPOUILLOT, *très ému*

Excuse-moi, la joie... l'émotion... je m'attendais si peu... Tiens, lis plutôt cette lettre.

(2) Mme CHAPOUILLOT

Tu ne pouvais pas la lire toi-même... Quel homme! Incapable de prendre aucune décision. (*Elle prend la lettre et lit*).

(1) PAULETTE

Mais de quoi s'agit-il? (*A part*). J'ai peur de deviner; un prétendant, sans doute.

Mme CHAPOUILLOT, *à son mari*

Eh bien, mais je ne vois pas pourquoi tu entoures cette missive d'autant de mystère! (*A sa fille*). Paulette, cette lettre te concerne; elle nous annonce l'arrivée d'un prétendant.

PAULETTE, *le visage soudain assombri*

Je m'en doutais.

CHAPOUILLOT

Tu es contente, n'est-ce pas?

Mme CHAPOUILLOT

Mais je l'espère bien.

PAULETTE

Pas du tout!

Mme CHAPOUILLOT — CHAPOUILLOT

Et pourquoi, je te prie?

PAULETTE

Parce que... parce que je ne veux pas me marier, na!

Mme CHAPOUILLOT

Mais tu es en âge.

CHAPOUILLOT, *encore sous le coup de son émotion*

Je comprends... moi, je sue à grosses gouttes.

Mme CHAPOUILLOT

Qui te parle, à toi?

CHAPOUILLOT

Tu me dis : « Tu es en nage » ; je te réponds :
« Je comprends, je sue à grosses gouttes ».

Mme CHAPOUILLOT, *haussant les épaules*

Encore une fois, je ne te cause pas.

CHAPOUILLOT, *placide*

Bien, bien.

Mme CHAPOUILLOT

Paulette, ma chère enfant, tu vas atteindre
ta vingtième année ; c'est donc le moment de
songer à t'établir. Le parti que l'on nous offre
me paraît sérieux, et, pour ma part, je suis
toute disposée à prendre cette demande en
considération.

PAULETTE

Mais...

CHAPOUILLOT

Ta mère a raison et, pour ma part...

Mme CHAPOUILLOT

Laisse-la donc parler, ce n'est pas toi que
l'on veut marier.

CHAPOUILLOT

Non, une fois ça me suffit.

Mme CHAPOUILLOT

Insolent !

PAULETTE

Voyons, maman, ne te fâche pas. Je sais
avec quelle sollicitude vous veillez sur mon
bonheur ; mais, pour l'instant du moins, je
n'aspire pas du tout au mariage.

Mme CHAPOUILLOT

On dit cela...

CHAPOUILLOT

Et puis, une fois qu'on y a goûté...

Mme CHAPOUILLOT

M. Chapouillot, ménagez vos expressions,
je vous prie ; vous devenez indécent.

CHAPOUILLOT

Bien, bien, poulette

Mme CHAPOUILLOT, *à sa fille*

Voyons, ma chérie, réfléchis... tu sais bien
que je ne songe qu'à ton bonheur et que je

n'irais pas te jeter dans les bras du premier
venu.

PAULETTE

Ma chère maman, n'insiste pas, je te prie...
tu me fais de la peine.

Mme CHAPOUILLOT

Aurais-tu, par hasard, quelque affection
secrète ?

PAULETTE

Non, mère, je n'aime personne.

Mme CHAPOUILLOT

Alors, laisse-nous te présenter ce jeune
homme. Peut-être qu'après l'avoir vu, lui
avoir causé, tu l'apprécieras.

PAULETTE

Je ne crois pas.

Mme CHAPOUILLOT

Enfin, ce jeune homme va venir ; nous ne
pouvons plus maintenant l'évincer.

CHAPOUILLOT

Oui, ce serait là faire injure à mon ami
Frétillard.

Mme CHAPOUILLOT, *à sa fille*

Et puis, quoi, tu ne connais pas ce jeune
homme ; rien ne dit qu'au cours de cette entrevue il ne réussira pas à te plaire.

PAULETTE

Non, il ne me plaira pas.

Mme CHAPOUILLOT — CHAPOUILLOT

Qu'en sais-tu ?

PAULETTE

J'en suis certaine.

Mme CHAPOUILLOT — CHAPOUILLOT

Mais encore ?

PAULETTE

Mes chers parents, je vous remercie de vos
attentions affectueuses ; mais je ne veux pas
recevoir ce jeune homme et je ne me marierai
pas avec lui... non, non, mille fois non ! (*Elle
sort à gauche, premier plan*).

SCÈNE IV

CHAPOUILLOT, Mme CHAPOUILLOT

CHAPOUILLOT

Et voilà !

Mme CHAPOUILLOT

Et voilà ! Tout ça, c'est de ta faute !

CHAPOUILLOT

A moi ?

Mme CHAPOUILLOT, *remontant derrière
la table*

Bien sûr ! Tu n'avais pas besoin de lui montrer cette lettre. Tu devais simplement m'en aviser. Une fois le jeune homme dans la place, c'est bien le diable s'il n'avait pas su se faire agréer par Paulette ; et, alors, tout allait pour le mieux.

CHAPOUILLOT, *descendant* 1

Tout allait pour le mieux… Tu en parles à ton aise ! tu oublies qu'elle tient de toi pour le caractère, et que, quand elle veut quelque chose…

Mme CHAPOUILLOT, *descendant* 2

Qu'est-ce à dire ? Il ne vous manque plus que de m'insulter.

CHAPOUILLOT

Mais, bobonne, je ne t'insulte pas ; je dis…

Mme CHAPOUILLOT

Vous dites des bêtises, comme toujours, d'ailleurs, et vous serez cause, par votre maladresse, du malheur de ma pauvre enfant.

CHAPOUILLOT, *s'asseyant sur la chaise
de gauche,* 1

Pardon, de « notre » enfant.

Mme CHAPOUILLOT, *au milieu,* 2

Vous n'avez peut-être pas la prétention de l'avoir mise au monde ?

CHAPOUILLOT

Non, ça j'avoue…

Mme CHAPOUILLOT

C'est heureux !

CHAPOUILLOT

Enfin, je crois bien que j'y suis pour quelque chose.

Mme CHAPOUILLOT

Pour bien peu de chose.

CHAPOUILLOT

Avec ça, chochotte ; la petite me ressemble comme deux gouttes d'eau. Elle a d'ailleurs tout de moi : les yeux, le nez, la bouche, les oreilles…

Mme CHAPOUILLOT, *fulminant*

Et le reste !

CHAPOUILLOT, *riant, se lève*

Non, pour le reste, chachatte, elle tient ça de sa mère.

Mme CHAPOUILLOT

Imbécile ! (*Elle descend à droite*).

SCÈNE V

LES MÊMES, DURASOIR

(2) DURASOIR, *entrant du fond, un journal
à la main*

Je parie que vous étiez en train de vous embrasser.

(1) CHAPOUILLOT

Justement !

(3) Mme CHAPOUILLOT

On ne peut rien vous cacher. (*A part*). Heureusement qu'il est plutôt dur d'oreille.

CHAPOUILLOT

Ce cher oncle ! Quel bon vent vous amène ?

DURASOIR

Oui, je me suis dit : il faut que tu te promènes. J'ai pris ma canne et mon chapeau et je me suis permis de venir vous demander à déjeuner.

Mme CHAPOUILLOT

Quel crampon !

DURASOIR

Oui, oui... sans façons, à la fortune du pot, comme on dit. (*Il remonte à la cheminée*).

Mme CHAPOUILLOT, *à part*

On la connaît sa fortune du pot! (*Haut*). Je vais prévenir Mélanie que nous avons deux invités. (*A son mari*). A propos, et ce nouveau domestique que devait nous envoyer ce matin le bureau de placement pour remplacer Mélanie?

CHAPOUILLOT

Je l'attends toujours.

Mme CHAPOUILLOT

Eh bien. s'il n'est pas là à onze heures, c'est toi qui feras le service. Je ne veux plus que cette fille touche à une assiette, elle m'en a encore cassé une demi-douzaine depuis hier.

CHAPOUILLOT

Bien, ma colombe.

(*Mme Chapouillot sort à droite*).

SCÈNE VI

CHAPOUILLOT, DURASOIR

CHAPOUILLOT

Alors, mon oncle, quoi de neuf?

DURASOIR

Non, pas mis mon chapeau neuf, pas la peine, je suis venu à la bonne franquette. Hé! il y a un bout de temps qu'on ne s'était vu...

CHAPOUILLOT

Oui, depuis la dernière fois.

DURASOIR

C'est ça, le jour des Rois, même que c'est Mme Chapouillot qui a été reine.

CHAPOUILLOT

Oui... oui. je me souviens.

DURASOIR

Oui, ça va très bien, merci... et Paulette?

CHAPOUILLOT

Elle va venir.

DURASOIR

Elle va sortir?

CHAPOUILLOT, *lui criant dans l'oreille*

Elle va venir.

DURASOIR

Elle va venir...donc, elle était sortie. J'avais bien entendu.

CHAPOUILLOT

Nous attendons son fiancé.

DURASOIR

Elle est en train de broder?

CHAPOUILLOT, *criant*

Nous attendons son fiancé.

DURASOIR

Tu n'as pas besoin de crier, je ne suis pas sourd.

CHAPOUILLOT

Non, au contraire.

DURASOIR

Tu comprends qu'il ne faut pas me la faire. Ainsi, en 70, à l'attaque du Moulin-Vert, fallait voir comme ça chauffait. Le jour commençait à poindre; déjà, le café bouillait dans les marmites pour le réveil des hommes. Tout à coup...

CHAPOUILLOT, *à part, faisant mine de sortir au fond*

Oui. oui, on la connaît ton histoire, tu nous la sers chaque fois que tu viens.

DURASOIR

Mais assieds-toi, mille tonnerres! Tu ne me laisses pas le temps de finir.

CHAPOUILLOT

Si ça ne vous fait rien, mon oncle, vous nous raconterez la suite après le déjeuner, quand on fera la sieste... ça nous endormira. Vous permettez que je vous laisse?

DURASOIR

Ah! ça presse... va donc vite! on sait ce que c'est. (*Lui tendant son journal*). Si tu veux mon journal?...

(*Chapouillot sort au fond*).

SCÈNE VII

DURASOIR, *puis* MÉLANIE

DURASOIR

Brave garçon, mon neveu Chapouillot, mais l'esprit un peu superficiel. Pas curieux des récits de nos épopées militaires.

MÉLANIE, *entrant de droite*

Paraît qu'y a deux couverts de plus à installer. (*A Durasoir*). Bonjour, m'sieur.

DURASOIR

Bonjour, ma fille, bonjour.

MÉLANIE, *disposant deux autres couverts sur la table*

Alors, c'est vous qui vient encore nous raser?

DURASOIR

Faites donc, mon enfant, faites donc; ne vous dérangez pas.

MÉLANIE

C'est heureux que ça vous plaise, vieux topinambour!

DURASOIR

Vrai? j'ai-l'air d'un petit n'amour? Vous êtes bien aimable, mais vous le seriez bien plus encore si vous m'apportiez un pernod. J'ai une soif!

MÉLANIE

Non, mais tu n'as pas peur, espèce de vieux racorni!

DURASOIR

Oui, je vous attends ici... Au fait, dites-moi, Mélanie, vous n'avez jamais servi?

MÉLANIE

Avec ça. J'ai été deux ans chez un rentier, dix-huit mois chez un dentiste.

DURASOIR

Là n'est pas la question. Je vous demande si vous n'avez jamais été cantinière?

MÉLANIE

Non, mais pour qui me prenez-vous, vieux gaga?

DURASOIR

Oui, vous aimez les soldats? Bravo! Alors,

vous devez vous intéresser aux récits de campagnes. Eh bien, moi, ma fille, tel que vous me voyez, j'ai été en 70, à l'attaque du Moulin-Vert. Ah! fallait voir comme ça chauffait! Le jour commençait à poindre; déjà, le café bouillait dans les marmites pour le réveil des hommes. Tout à coup...

MÉLANIE, *effrayée*

Mais il devient fou! Au secours, au secours! (*Elle se sauve à droite*).

DURASOIR, *descendant à droite*

Jamais mon récit n'avait produit autant d'effet.

SCÈNE VIII

DURASOIR, CANARD

(1) CANARD, *entrant du fond*

Pardon! M. Chapouillot, s'il vous plaît?

(2) DURASOIR, *sans le voir*

Une bonne fille, cette Mélanie. Je me demande pourquoi on lui a flanqué ses huit jours.

CANARD, *à Durasoir*

C'est à M. Chapouillot que j'ai l'honneur?

DURASOIR, *à part*

Qu'est-ce que c'est que ce pierrot-là?

CANARD

Je suis envoyé par le directeur du bureau de placement, M. Chapendu...

DURASOIR, *à part*

Ah! c'est le prétendu! (*Haut*). Enchanté, cher monsieur, enchanté.

CANARD

Voici la lettre du bureau, mes certificats... (*Il montre ses papiers*).

DURASOIR

Plus tard, les papiers, nous avons le temps. Mon ami, je crois que vous êtes tombé dans la bonne maison.

CANARD

Allons, tant mieux, ça me changera, car je

sors d'une sale boîte... un singe embêtant comme la pluie, mal nourri, la patronne jamais contente.

DURASOIR

Si elle est charmante, je crois bien, un vrai bouton de rose.

CANARD

Qui ça, la patronne?

DURASOIR

Quant à sa mère, elle est très accommodante.

CANARD

Il parlait donc de la fille?

DURASOIR

D'ailleurs, tout le monde est disposé ici en votre faveur. Dites donc, je vais leur annoncer que vous êtes là, car ils ne vous attendaient certainement pas sitôt... C'est ma petite Paulette qui va être contente de faire votre connaissance. Surtout, ne vous laissez pas intimider par la mère... pas de faiblesse, allez-y carrément et enlevez-moi la position en cinq secs, baïonnette au canon. (*Il sort au fond*).

SCÈNE IX

CANARD, *seul*

CANARD, *en se dirigeant vers la droite*

Ben. par exemple, v'là un patron qui m'en bouche en coin. Le bureau de placement m'adresse ici; le patron, sans prendre la peine de lire mes certificats, me tape sur le ventre. me parle de sa femme, me propose sa fille. Ah! non, sans blague, il doit être un peu piqué, c' client-là!

SCÈNE X

CANARD, PAULETTE

(1) PAULETTE. *entrant, à part*

Mon oncle vient de me prévenir que mon prétendu m'attendait ici... C'est lui, ça!

(2) CANARD, *à part*

V'là la môme... elle est gironde.

PAULETTE

Monsieur.

CANARD

Mademoiselle.

PAULETTE

Vous avez vu mon père?

CANARD

Oui, mademoiselle; il vous a dit...

PAULETTE

Que vous étiez ici. Oh! ce n'était pas la peine de vous presser, vous aviez toujours le temps d'arriver.

CANARD, *à part*

Eh bien, ils ne sont pas pressés d'avoir un domestique.

PAULETTE

C'est une idée à mon père... Oh! je ne lui en veux pas, il tenait tant à cette entrevue...

CANARD

Votre père m'a paru un bon fieu et, si ce qu'il m'a dit se réalise, je crois que vous n'aurez pas lieu de le regretter.

PAULETTE

Vous allez un peu vite en besogne.

CANARD

Pour ça, je suis très expéditif; que ce soit pour servir ou astiquer, je ne crains pas la concurrence.

PAULETTE, *à part*

Quel langage!

CANARD

Si vous voulez que je commence tout de suite, il ne tient qu'à vous.

PAULETTE

Oh! s'il ne tenait qu'à moi... Enfin, vous causerez à mes parents tout à l'heure, après le déjeuner.

CANARD

Pourquoi faire?

PAULETTE

Eh bien, pour vous entendre avec eux; je ne me mêle pas des questions d'intérêt. (*Elle s'assied sur la chaise de gauche*).

CANARD, *à part*

Ah ça, dans quelle drôle de boîte suis-je tombé? Je dois certainement m'être trompé de numéro. (*Haut*). Dites-moi, mademoiselle, entre nous, le service est-il dur, ici?

PAULETTE

Comment?

CANARD, *au milieu*

Je veux dire : Vos parents ne sont pas trop exigeants, rapport à l'astiquage?

PAULETTE

L'astiquage? (*A part*). C'est là, sans doute, un terme de finance.

CANARD

Votre maison m'a été si chaudement recommandée; d'ailleurs, si vous voulez voir la lettre...

PAULETTE

Je sais... je sais... mon père et ma mère en ont pris connaissance.

CANARD

Ah!... vous êtes sûre?

PAULETTE

Comment, si je suis sûre?...puisque maman l'a lue tout à l'heure devant moi.

CANARD, *à part*

Ça, c'est curieux, par exemple; la lettre qui ne m'a pas quitté, je me demande comment la daronne a pu la lire comme ça, à distance! Je suis peut-être tombé dans une famille de somnambules. Enfin, puisque le vieux m'a dit qu'ils m'avaient tous à la bonne et d'y aller carrément, allons-y carrément! (*S'approchant de Paulette et voulant l'embrasser*). Avec ça, la môme, v'là un quart de plombe qu'on est là à se zyeuter dans les mirettes et on ne s'est pas encore une seule fois sucé la poire.

PAULETTE, *le repoussant*

Finissez, monsieur, ou j'appelle mon père.

SCÈNE XI

LES MÊMES, CHAPOUILLOT

CHAPOUILLOT, *entrant du fond, à Canard*

Ah! vous voilà, jeune homme!... Ça va?... (*Il lui donne une poignée de main et descend à droite,* 2)

CANARD, *descendant à droite,* 3

Pas mal, merci et vous? (*A part*). Qu'est-ce que c'est encore que ce frère-là?

CHAPOUILLOT, *le prenant à part*

Je crois inutile de vous dire que vous m'êtes chaleureusement recommandé.

CANARD

Ah!

CHAPOUILLOT

Si vous plaisez à Paulette, ce dont je ne doute pas, je crois que nous pourrons facilement nous entendre.

CANARD

Je l'espère bien! Je suis venu dans cette seule intention-là.

CHAPOUILLOT

Aujourd'hui, comme c'est votre première entrevue, nous ne parlerons pas intérêt, n'est-ce pas? La question d'argent viendra plus tard.

CANARD, *à part*

J'aimerais mieux qu'il en parlât tout de suite.

CHAPOUILLOT

Ah! un bon conseil : si vous voulez obtenir le consentement de ma femme, soyez aux petits soins pour elle.

CANARD

Votre femme?

CHAPOUILLOT

Oui, la mère de Paulette.

CANARD

Vous êtes donc le père?

CHAPOUILLOT

Il y a des chances.

CANARD

Ne vous fâchez pas! C'est que j'ai déjà causé avec un vieux bonhomme, tout à l'heure.

CHAPOUILLOT

Ah! l'oncle Durasoir!

CANARD, *à part*

Il en a bien l'air. (*Haut*). Il m'a reçu d'une façon charmante.

CHAPOUILLOT

Encore un qu'il faut ménager, à cause de l'héritage, et cela dans notre intérêt réciproque. Vous me comprenez?

CANARD

Oui... oui... parfaitement! (*Bas, lui montrant Paulette, qui travaille à un ouvrage de dame*). Dites donc, elle n'a pas l'air de me gober beaucoup, votre demoiselle?

CHAPOUILLOT

Mais si, mais si, ça viendra.

CANARD

Et quand me faut-il commencer?

CHAPOUILLOT

Mais tout de suite, comme vous dirait l'oncle Durasoir; à présent que vous voilà dans la place, vous n'avez plus qu'à aller de l'avant.

CANARD

Entendu. Alors, qu'est-ce que je dois faire?

CHAPOUILLOT

Faites d'abord la cour; c'est là l'essentiel pour vous faire agréer de ma fille.

CANARD

Ah! il faut que je fasse la cour? (*A part*). Drôle d'idée, quand il y a une pipelette en bas... enfin! (*Haut*). Est-ce qu'il faut aussi que j'arrose?

CHAPOUILLOT, *riant*

Farceur! Non, pas besoin, c'est moi qui arroserai, car j'espère bien que vous allez déjeuner avec nous.

CANARD

Bien sûr! (*A part*). Comment, il m'invite à sa table!... Voilà un patron qui doit être social.

CHAPOUILLOT

Allons, à tout à l'heure, les enfants... vous avez tout le temps, avant le déjeuner, de faire plus ample connaissance. (*Bas, à Canard*). Vous savez, elle est un peu timide, elle tient de sa mère; c'est donc à vous de prendre les devants. Seulement, ne la brusquez pas trop, elle est de nature si frêle, si délicate... elle tient ça de son père. A tantôt! (*Il sort au fond*).

SCÈNE XII

CANARD, PAULETTE, *puis* CHAPOUILLOT, Mme CHAPOUILLOT

CANARD, *à part*

Ce coup-là, je suis estomaqué! V'là à présent qu'il me colle sa fille dans les bras, et y a pas cinq minutes qu'il me connaît. Faut croire que j'ai une bouillotte qui lui est revenue tout de suite. (*Haut, à Paulette*). Eh bien, mademoiselle, vous ne me dites rien?

PAULETTE

Que voulez-vous que je vous dise?

CANARD, *s'approchant*

Je ne sais pas, moi... quelque chose de gentil.

CHAPOUILLOT, *passant la tête au fond*

Ça va bien, ça va bien! (*Il disparaît*).

CANARD

Alors, c'est donc que je vous déplais?

PAULETTE

Non, mais vous m'êtes indifférent, voilà tout.

CANARD

Certes, il y en a de plus bath que moi, de plus costauds, et qui sont mieux fringués; quand même, on a de la branche et on dégotte au plumard tout aussi bien qu'un autre. Non, mais, pigez-moi un peu cette « nanatomie », Mlle Paulette. (*Se posant*). On peut zyeuter sur toutes les coutures... y a du bon et du solide... Zyeutez! mais zyeutez donc, Mlle Paulette!

PAULETTE

Encore une fois, puisque vous ne m'intéressez pas du tout.

CANARD

Bah! vous reviendrez bien sur cette première impression une fois que vous me connaîtrez mieux.

PAULETTE

Je ne crois pas, monsieur.

CANARD

Soit! Comme nous aurons l'occasion de nous voir maintenant tous les jours, j'attendrai donc que vous m'ayez suffisamment apprécié.

PAULETTE

Vous comptez donc rester ici longtemps?

CANARD

Puisque je ne suis venu que pour ça.

PAULETTE

Merci de la préférence.

CANARD

En attendant mieux, permettez-moi donc de vous prendre un baiser comme gage de notre bonne amitié.

PAULETTE

Jamais, monsieur.

CANARD

Puisque j'ai l'autorisation de vos parents.

PAULETTE

Vous n'avez pas la mienne.

CANARD

Je n'en ai pas besoin.

PAULETTE, *se débattant*

Par exemple! Monsieur, n'approchez pas, ou j'appelle mon père.

CANARD

On va bien voir.

PAULETTE, *le giflant*

C'est tout vu! (*Elle passe extrême-droite*).

CHAPOUILLOT, *paraissant au fond*

Ça va mal, ça va mal!

(2) CANARD

Ah! nom de Dieu! qu'est-ce que j'ai pris!

(3) CHAPOUILLOT, *entrant du fond*

Qu'est-ce qui se passe donc?

(*Mme Chapouillot entre de gauche*).

(4) PAULETTE

Ah! tu arrives bien, papa.

CHAPOUILLOT

Non, j'arrive mal.

(1) Mme CHAPOUILLOT

Que signifie?

CANARD, *à part*

La patronne! (*Haut, s'inclinant*). Madame!

Mme CHAPOUILLOT, *saluant*

Monsieur!

PAULETTE

Cela signifie que monsieur a voulu m'embrasser et que je l'ai giflé!

CANARD, *se tenant la joue*

Ah! elle m'a bien servi!

CHAPOUILLOT, *à Paulette*

En voilà des chichis pour un petit bécot!

Mme CHAPOUILLOT, *à part, passant* 2

Voyons, fillette, puisque monsieur est ton fiancé.

PAULETTE

Il ne l'est pas encore.

Mme CHAPOUILLOT

Enfin, ton père et moi le considérons comme tel.

PAULETTE

Non... non... encore une fois, je ne veux pas de lui... non... non... mille fois non!... et je me retire dans ma chambre, na! (*Elle sort en coup de vent à gauche*).

(2) Mme CHAPOUILLOT, *à Canard*

Vous voudrez bien l'excuser.

(3) CHAPOUILLOT

Oui, elle a été un peu vive.

CANARD

Plutôt! Aussi, toute réflexion faite, je préfère m'en aller.

Mme CHAPOUILLOT — CHAPOUILLOT

Y pensez-vous, pour une chiquenaude!

CANARD

Vous appelez ça une chiquenaude, vous? Ce n'est même pas une giroflée à cinq feuilles, c'est tout un marronnier!

CHAPOUILLOT

Je sais que cela n'a rien d'agréable.

CANARD, *riant*

Ah! vous trinquez aussi quelquefois, vous?

Mme CHAPOUILLOT, *à Canard, qui remonte*

Où allez-vous?

CANARD

Je vous l'ai dit : je mets les voiles.

CHAPOUILLOT

Jamais de la vie.

Mme CHAPOUILLOT

On vous a, on vous tient, on vous garde!

CANARD

Vous êtes bien aimable... mais s'il faut tous les jours que je passe à tabac...

CHAPOUILLOT

Non... non... tout va s'arranger et, au dessert, vous serez les meilleurs amis du monde.

CANARD

Vous croyez?

Mme CHAPOUILLOT

Je vais d'ailleurs la sermonner d'importance; vous verrez qu'elle sera la première à reconnaître ses torts.

CANARD, *qui se frotte encore la joue*

C'est égal, j'avoue que je ne m'attendais pas à une réception si touchante.

Mme CHAPOUILLOT

Que voulez-vous, jeune homme, il y a comme ça des moments dans la vie où une femme éprouve le besoin de se soulager les nerfs.

Demandez plutôt à M. Chapouillot : il en sait quelque chose, lui! (*Elle sort à gauche*).

SCÈNE XIII

CHAPOUILLOT, CANARD, DURASOIR

DURASOIR, *entrant du fond, descend 2,
à Canard*

Rebonjour, jeune homme! Voyons, où en sommes-nous? J'espère que vous avez fait triompher vos arguments.

CANARD

Des arguments frappants.

DURASOIR

Ah! elle revient à l'instant?

CHAPOUILLOT

Dites donc, puisque vous avez fait connaissance, je vous laisse tous les deux.

CANARD, *passant 2, à Chapouillot*

Alors, vous n'avez pas besoin de moi?... la table... le couvert... voulez-vous que je descende à la cave?

CHAPOUILLOT

Farceur!... Vous aimez les facéties... A tout à l'heure! (*Il sort à droite*).

DURASOIR

C'est bizarre! Depuis un quart d'heure que j'ai demandé mon pernod, impossible de me faire servir. J'attendais moins longtemps, au Café de l'Intendance. (*Il s'assied à gauche de la table*).

CANARD

Comment, cher monsieur, vous voulez un pernod et vous ne le disiez pas! Je vais vous chercher ça tout de suite. Où se trouve la bouteille? Vous devez bien connaître les habitudes de la maison.

DURASOIR

Jamais d'amer picon.

CANARD, *à part*

Il doit être un peu dur d'oreille. (*Haut et fort*). Je vais chercher votre pernod.

DURASOIR

Non... non... vous plaisantez, jeune homme !
je ne souffrirai pas...

CANARD

Pensez-vous ! Ça me connaît, ça fait partie
du service. Je cours et je reviens. (*Il sort à
droite*).

SCÈNE XIV

DURASOIR, MÉLANIE, PRALINOT

MÉLANIE, *paraissant au fond et faisant
entrer Pralinot*

Entrez, monsieur. (*A Durasoir*). V'là un
monsieur qui désire vous parler. (*A part,
considérant le nouveau venu*). Il est beau
gas ! (*Elle sort au fond*).

(2) PRALINOT, *à droite de la table,
très timide*

Merci bien, mademoiselle. (*A Durasoir qui
s'est retourné*). Pardon, monsieur, je suis le
jeune homme que vous attendez... Votre ami,
M. Frétillard, a dû vous écrire à mon sujet...

(1) DURASOIR, *à part*

C'est le domestique tant attendu. (*Haut*).
Eh bien, vous arrivez à temps, mon garçon,
pour me servir mon pernod; voilà une heure
que j'attends après.

PRALINOT, *à part*

Son pernod !... il veut déjà que je lui offre
l'apéritif?... il est un peu sans gêne ! (*Haut*).
Vous êtes bien de la maison?

DURASOIR

Non, je ne suis pas le patron, je suis l'oncle
Durasoir. Comprenez-vous le français?

PRALINOT, *à part*

Ah ! c'est l'oncle de M. Chapouillot; alors,
ne le contrarions pas. (*Haut*). J'y vais, monsieur, j'y vais.

DURASOIR

Eh bien?

PRALINOT

Quoi donc?

DURASOIR, *se levant*

Qu'attendez-vous pour poser votre chapeau?
Vous avez l'air d'une gourde, mon garçon !

PRALINOT, *à part*

Il n'a pas l'air commode, l'oncle Durasoir.
(*Il va pour poser son chapeau sur la chaise
de droite*).

DURASOIR

Vous n'allez pas laisser votre chapeau ici,
je suppose?... et puis, je ne veux pas vous
voir plus longtemps dans cette tenue-là; pas-
sez donc un tablier.

PRALINOT, *ahuri*

Un tablier?

DURASOIR

Là, dans le buffet, vous trouverez un tablier
blanc. Allez, ouste! et servez-moi vivement.

PRALINOT, *à part*

Il est un peu timbré, l'oncle Durasoir; pas
possible autrement. (*Haut*). J'y vais, monsieur,
j'y vais, mais est-ce que je ne pourrais pas
parler auparavant à M. Chapouillot?

DURASOIR, *simplement*

Oui, un pernod! Combien de fois faut-il
vous le répéter?

PRALINOT, *à part*

C'est un fou, ne le contrarions pas. (*Il sort
à droite*).

DURASOIR

Pas dégourdi, ce garçon-là; il ne fera sûre-
ment pas l'affaire!

SCÈNE XV

DURASOIR, CHAPOUILLOT, *puis* PRALINOT

(2) CHAPOUILLOT, *entrant du fond*

Vous m'excuserez, mon oncle, si je vous ai
laissé un moment seul... ces préparatifs du
déjeuner, quand on reçoit le fiancé de sa fille
unique...

DURASOIR

Le domestique?... il est là, tu ne l'as donc
pas vu? Il n'a pas l'air bien dégourdi.

CHAPOUILLOT

Oui... Eh bien, je me charge de le dresser.

(Pralinot rentre de droite, 3.)

DURASOIR

Tiens, le voici

PRALINOT

Impossible de trouver cette bouteille de pernod.

CHAPOUILLOT

Vraiment?

PRALINOT

Je n'ai trouvé qu'une cuisinière, qui est très laide et fort sale, et qui m'a dit que j'étais joli garçon.

CHAPOUILLOT

Quelle gourde!

DURASOIR

Nom d'une gamelle! il se fout de moi, ce pierrot-là!

CHAPOUILLOT

Ne vous emportez pas, mon oncle; venez plutôt avec moi, nous allons prendre l'apéritif ensemble au café, en face... nous serons certainement mieux servis. *(Ils sortent au fond.)*

DURASOIR, *en sortant, à Pralinot*

Si j'étais encore commandant, je vous foutrais dedans, moi... tête de melon!

SCÈNE XVI

PRALINOT, *seul*

PRALINOT, *devant la table*

Eh bien, en voilà une réception... c'est moi qui regrette maintenant mon voyage! Mon oncle Frétillard m'avait pourtant affirmé que je serais bien reçu. « J'ai écrit à mon vieil ami Chapouillot, m'a-t-il dit: je suis sûr que tu seras reçu à bras ouverts et agréé de suite comme fiancé de Mlle Paulette. D'ailleurs, toute la famille est charmante! » Eh bien, j'en ai eu un bel échantillon! Si la jeune fille est aussi aimable que ses parents, je ne vais pas tarder à reprendre le train pour Mézy-le-

Mouillé! *(Songeur).* Paulette... ce nom me rappelle de bien délicieux souvenirs...

SCÈNE XVII

PRALINOT, PAULETTE

(1) PAULETTE, *entrant et apercevant Pralinot de dos*

Tiens... le nouveau domestique, sans doute.

(2) PRALINOT, *se retournant*

Mademoiselle.

PAULETTE

Monsieur.

PAULETTE — PRALINOT, *se reconnaissant*

Ah!

PRALINOT

Mais je ne me trompe pas... c'est bien vous, Mlle Paulette, que j'ai eu le plaisir de faire danser dernièrement à la soirée des Chatourné.

PAULETTE

En effet, je me souviens. Mais comment se fait-il que je vous retrouve ici, et dans cette tenue?

PRALINOT

Ma foi, mademoiselle, ce qui m'arrive est tellement fantastique... Mon oncle Frétillard, qui est un ami de votre père, croyant être agréable à vos parents en leur offrant un parti pour leur jeune fille, leur envoie hier une lettre confidentielle au sujet d'un projet d'alliance entre nos deux familles...

PAULETTE

Oui, je sais, maman me l'a fait lire.

PRALINOT

Tantôt, je me présente donc ici; je suis reçu par un vieux toqué...

PAULETTE

C'est mon oncle.

PRALINOT

Oh! excusez-moi, mademoiselle, si j'ai parlé de lui d'une façon aussi irrévérencieuse.

PAULETTE

Oui, je comprends... c'est sa maudite infirmité qui aura été encore la cause de quelque méprise impardonnable.

PRALINOT

Justement... Votre oncle, à qui je m'apprêtais à faire connaître le but de ma visite, ne veut même pas m'entendre; il me force à passer ce tablier, me dit d'aller lui chercher un pernod; votre père, survenant sur ces entrefaites, ne veut pas plus m'écouter que lui, et me gourmande avec autant d'énergie que d'invectives grossières. Enfin, pour qui me prend-on, ici?

PAULETTE, *riant*

Pour qui? c'est bien simple : on vous prend pour le nouveau domestique que nous attendions ce matin.

PRALINOT

Ah! je m'explique maintenant.

PAULETTE

C'est un simple malentendu. (*Souriant*). Tout s'arrangera, croyez le.

PRALINOT

J'en serais très heureux, car je crois me souvenir que, lors de notre dernier entretien à cette soirée bénie, je ne vous étais pas indifférent.

PAULETTE, *rougissant*

Oh! monsieur... que voulez-vous dire?

PRALINOT

Je veux dire que je vous trouvais charmante; je me rappelle que je vous l'ai dit et que cela ne vous a pas trop offusqué.

PAULETTE

Je l'avoue.

PRALINOT

Alors, le hasard fait quelquefois bien les choses, puisqu'en venant ici un peu à contre-cœur je n'ai fait qu'obéir à la destinée qui devait un jour nous guider l'un vers l'autre.

PAULETTE

Vous voyez ce qu'on gagne à se montrer parfois obéissant.

PRALINOT

Paulette, ma bien-aimée, car vous me per-

mettez maintenant de vous donner ce titre, n'est-ce pas?

PAULETTE

Oui, M. Robert.

(*Durasoir paraît au fond*).

PRALINOT

Robert. Robert tout court, je suis votre petit Robert.

PAULETTE

Oui, M. Robert, mais que cherchez-vous là?

PRALINOT

Vos lèvres, pour y cueillir notre premier baiser d'amour.

PAULETTE

Oui, mais alors, prenez vite. (*Il l'embrasse dans le cou*). Maintenant, je me sauve. A tout à l'heure. (*Elle sort à gauche*).

PRALINOT, *lui envoyant des baisers, sans voir Durasoir qui descend vers lui à pas de loup*

Elle est adorable... Tiens! tiens!

SCÈNE XVIII

PRALINOT, DURASOIR

DURASOIR, *lui allongeant un coup de pied*

Tiens!

(1) PRALINOT, *avec un léger cri*

Ah! (*Il descend extrême-gauche*).

(2) DURASOIR, *furieux*

Ah! satyre! tu te permets d'embrasser la fille de ton maître! Tu veux donc passer en cour d'assises?

PRALINOT

Mais, monsieur l'oncle...

DURASOIR

Pas de réflexion, ou je te fais flanquer immédiatement à la porte!

PRALINOT

Permettez... j'en ai presque le droit.

DURASOIR

Je pense bien que c'est la première fois, et j'espère bien aussi que ce sera la dernière.

PRALINOT

Ah ça, mais il est sourd comme un pot.

DURASOIR

Tu as raison, retourne à tes fourneaux.

PRALINOT

Fourneau toi-même, espèce d'abruti!

SCÈNE XIX

LES MÊMES, CANARD

(3) CANARD, *entrant joyeusement de droite*

Décidément, on a tous les égards pour moi. Je crois que je m'habituerai ici... le patron vient en effet de m'offrir la bleue.

(2) DURASOIR, *à Canard*

Ah! mon cher ami, vous arrivez bien; devinez un peu ce que je viens de voir... ce sale larbin en train d'embrasser votre fiancée!

(1) PRALINOT. *à part*

Sa fiancée?

CANARD, *riant*

Ah! ça, c'est bidonnant!

DURASOIR

Ça vous fait rire, malheureux.

CANARD

Bien sûr... que voulez-vous que ça me fasse qu'il embrasse ou non Mlle Paulette? Je m'en tamponne le coquillard!

DURASOIR

Comment, il veut vous faire déjà cocu et vous trouvez ça tout naturel! Vous allez de suite me foutre une volée à cet individu, ou je me charge, moi, de le châtier!

CANARD

Mais, mon vieux, on n'a pas du tout l'intention de se fâcher avec monsieur; moi, il ne me dérange pas, (*A Pralinot*) et vous?

PRALINOT

Pas du tout!

DURASOIR

Vous vous battrez, ou je vous colle à chacun un marron sur le blair!

PRALINOT

Zut!

CANARD

Ta gueule!

DURASOIR. *furieux*

Misérable! (*Il va pour s'élancer. — Chapouillot, Mme Chapouillot et Paulette entrent de gauche*).

SCÈNE XX

LES MÊMES, CHAPOUILLOT, Mme CHAPOUILLOT, PAULETTE

(*Après l'entrée, les personnages sont dans l'ordre suivant : Pralinot 1, Paulette 2, Mme Chapouillot 3, Durasoir 4, Chapouillot 5, Canard 6*).

Mme CHAPOUILLOT

Quel est ce vacarme!

CHAPOUILLOT

Quoi? qu'y a-t-il?

Mme CHAPOUILLOT

Que vous a-t-on fait, mon cher oncle?

DURASOIR, *désignant Pralinot*

Figurez-vous que votre ignoble domestique s'est permis un langage déplacé vis-à-vis de Paulette et s'est de plus enhardi jusqu'à lui prendre un baiser dans le cou.

CANARD

Moi?

PAULETTE

Mais ce n'est pas monsieur.

CHAPOUILLOT, *allant à Pralinot*

C'est vous qui vous êtes permis cela?

(1) PRALINOT

C'est vrai!

(3) PAULETTE

Mais je l'y avais autorisé.

(4) Mme CHAPOUILLOT

Qu'entends-je là ?

(2) CHAPOUILLOT

Comment, petite dévergondée, tu te laisses embrasser par un domestique que tu vois pour la première fois ?

PAULETTE

Mais monsieur n'est pas le domestique que nous attendons.

Mme CHAPOUILLOT — CHAPOUILLOT

Hein ?

PRALINOT

Mais non, M. Chapouillot, il y a erreur ; je suis Pralinot, le neveu de votre ami Frétillard.

PAULETTE

Mon fiancé.

Mme CHAPOUILLOT

Vous vous connaissiez donc déjà ?

PAULETTE

Mais oui, maman, nous avions fait connaissance à la soirée des Chatourné.

Mme CHAPOUILLOT — CHAPOUILLOT

Voyez-vous la petite cachottière !

CHAPOUILLOT

Alors, tout est pour le mieux... la main, mon gendre.

DURASOIR, *qui causait avec Canard, voyant Chapouillot serrer la main de Pralinot*

Ah ! c'est trop fort !... mon neveu qui serre la main à ce malotru ! (*Allant à son neveu, passe 3*). Tu n'as pas honte !

CHAPOUILLOT

Mon cher oncle, je te présente notre futur gendre.

DURASOIR

Quoi ?

TOUS, *criant*

Le gendre !

DURASOIR

Mais ne criez pas si fort, je ne suis pourtant pas sourd.

CANARD

Non, c'est moi.

DURASOIR, *passant 2, à Pralinot*

Vous êtes le fiancé, vous ?

PRALINOT

Vous le voyez.

DURASOIR, *désignant Canard*

Eh bien, et celui-là ?

Mme CHAPOUILLOT, *à Canard*

Au fait, que faites-vous ici, vous, Monsieur ?

TOUS

Oui, qui êtes-vous ?

CANARD

Qui je suis ? Mais tout simplement Canard, le domestique envoyé par le bureau de placement.

DURASOIR

Il fallait donc le dire tout de suite.

CANARD

Mais je vous l'ai dit ; seulement vous ne m'avez pas laissé parler et vous n'avez pas voulu que je vous montre mes papiers.

CHAPOUILLOT, *riant*

L'oncle n'en fait jamais d'autre. (*A Pralinot*). Alors, mon gendre, passez-lui donc le tablier. (*Il désigne Canard*).

(*Pralinot donne le tablier à Canard et remonte derrière la table*).

Mme CHAPOUILLOT

Eh bien, puisque le malentendu est maintenant dissipé, mettons-nous vite à table.

TOUS

Oui, à table !

Mme CHAPOUILLOT, *à Canard, qui va pour s'asseoir*

Pas vous.

CANARD, *navré*

Ah ! pas moi !

Mme CHAPOUILLOT

Vous, à la cuisine.

(*Tous, sauf Canard, s'asseoient autour de la table : 1 Durasoir à gauche, 2 Paulette et 3 Pralinot derrière la table, 4 M*me* Chapouillot et 5 Chapouillot à droite*).

CANARD, *à part*

Allons... adieu, mon rêve de fortune et d'amour ; il était trop beau pour moi.

M*me* CHAPOUILLOT, *à Canard*

Enlevez ce couvert, qui est de trop...

CANARD, *navré*

Le mien...

M*me* CHAPOUILLOT, *à Canard*

... et servez-nous promptement... je n'aime guère attendre, moi, quand j'ai donné un ordre. Allez, vite, apportez le gigot... Ouste ! grouillez-vous, et plus vite que ça !... Et puis, pas de réflexion, n'oubliez pas que je vous ai à l'œil.

CANARD

A l'œil ! Pardon, madame, c'est 60 fr. par mois, nourri, blanchi et couché. (*Il sort à droite. Tous s'attaquent aux hors-d'œuvre*).

DURASOIR, *qui dévore*

Je ne sais pas si vous êtes comme moi, mais les émotions, ça me creuse, moi, ça m'ouvre l'appétit ; aussi, je me sens ce matin une fringale de tous les diables. Ah ! c'est terrible, les enfants, quand on a faim, que le ventre sonne creux, et qu'on n'a rien à se coller sous la dent. J'en sais quelque chose... Ainsi, en 70... (*Il boit*).

CHAPOUILLOT

Nous y voilà !

M*me* CHAPOUILLOT

Allons, il va encore nous la servir.

(*Tous deux poussent un soupir d'ennui ; ils causent entre eux, tout en mangeant, sans plus se soucier de l'oncle, ainsi d'ailleurs que Paulette et Pralinot, qui se prodiguent déjà mille marques de tendresse*).

DURASOIR, *qui a repris haleine et que personne n'écoute*

Ainsi, en 70, à l'attaque du Moulin-Vert,

fallait voir comme ça chauffait ! Déjà, le café bouillait dans les marmites pour le repas des hommes. Tout à coup, une fusillade nourrie s'abat sur notre camp ; c'était un gros des forces ennemies qui avait surpris nos avant-postes. A demi-vêtu, je sors de ma tente pour prendre le commandement de mon bataillon. Qu'est-ce que j'aperçois à quinze mètres devant moi ? un grand diable d'Allemand qui s'avance à pas de loup et me tire presque à bout portant... (*Se levant à demi et mimant la scène*) pan, pan ! il me rate. Je m'élance sur lui, le revolver au poing... pan, pan ! je le manque ; il rebiffe... pan, pan ! il me casse une dent ; je rebiffe à mon tour... pan, pan ! je lui en casse deux. (*Canard entre de droite, apportant le gigot*). Alors, il tire son sabre du fourreau, moi je tire le mien et nous tombons en garde. (*Un couteau à la main, il se lève complètement*). Balles, obus, mitraille pleuvaient autour de nous... pan, pan, pan ! et je ferraillais toujours. (*De sa place, il porte des coups de pointe à tort et à travers*). Pan, pan, pan ! (*Agacé, Chapouillot se lève et lui fourre un énorme morceau de pain dans la bouche, puis se rassied et continue à s'entretenir avec sa femme. — Tout au feu de l'action, Durasoir ne s'aperçoit pas du bâillon qu'il a dans la bouche, ferraillant contre Canard qui le considérait depuis un instant avec stupeur et qui, se mettant sur la défensive, pare les coups avec le gigot qu'il a pris en main*). Pan, pan, pan, pan !

(1) CANARD, *à gauche*

Non, mais il est louftingue, c' frère-là ! A son âge, ça s'amuse encore à jouer au soldat ! Enfin, si ça lui fait plaisir... Pan, pan, pan, pan !

(*Le rideau tombe lentement, comme les quatre convives trinquent ensemble, sans plus s'intéresser aux faits et gestes de l'oncle, et que celui-ci et Canard, toujours ferraillant à qui mieux mieux, disparaissent par la porte du fond*).

DURASOIR — CANARD

Pan, pan, pan, pan, pan !

RIDEAU

Imprimerie du Journal Le Rideau, A. SALLES, U. — Georges SALLES, succr, 16, rue d'Alembert, Paris-14e.

9 782329 630892